# SIMPLES OBSERVATIONS

AUX

# ÉLECTEURS DES CAMPAGNES

PAR

## M. Édouard VIDAL.

Vous avez adopté la République ; c'est le meilleur des gouvernements. Tâchez de vous y tenir, si vous pouvez.

(*Paroles de* MALÆSHERBE *à la Convention nationale.*)

## BORDEAUX,

IMPRIMERIE DE JUSTIN DUPUY ET COMP., RUE MONTMÉJAN, 7.

1848

# AUX ÉLECTEURS.

—

## I.

Le droit d'élection est sans contredit le plus important de tous les droits politiques ; il résume et domine tous les autres, il est la véritable et même la seule base des institutions publiques dans tout pays où l'absolutisme a fait son temps.

Selon que l'élection est plus ou moins large, selon que le nombre des citoyens appelés à voter s'étend ou diminue, vous marchez à la démocratie ou à l'aristocratie.

Selon aussi que l'élection est plus ou moins vraie ; selon que chaque citoyen peut plus ou moins efficacement faire valoir sa volonté, la représentation, constituante ou législative, est ou n'est pas l'expression sincère de la pensée générale, exprimée par la majorité.

Que l'élection soit directe ou indirecte ; que la masse des

électeurs fasse de prime-abord ses députés, ou qu'elle confère à des tiers, choisis par elle, la mission de les désigner, les choses ne se passent pas autrement; les mêmes causes produisent toujours les mêmes effets.

## II.

Un gouvernement provisoire n'est point un pouvoir constituant : simple administrateur temporaire de la chose publique, il doit au plutôt convoquer la Nation, à laquelle seule appartient le droit de tout régler en dernier ressort, de fixer la forme du gouvernement, et d'en confier la direction à qui elle juge à propos.

Et comme tout citoyen a droit de prendre part à l'élection, cette part doit être égale pour tous. Il faut que chaque électeur puisse *réellement* et *efficacement* émettre son vote; il faut que chaque vote pèse d'un même poids dans la balance commune.

## III.

Ces quelques principes posés, et ce sont précisément ceux qu'ont de tout temps professé les partisans du régime démocratique, examinons le décret du 5 mars 1848, qui détermine les bases de la prochaine convocation nationale; apprécions-en l'esprit, le sens et la portée; signalons-en les avantages et les inconvénients, et peut-être aussi les dangers.

## IV.

Convoquer les assemblées cantonnales; appeler à donner directement leurs votes tous les citoyens indistinctement; ouvrir à tous la porte de l'Assemblée nationale, et ce, sans condition de cens ni de capacité, sous la seule et indispensable réserve d'un âge déterminé et de la possession des droits civiques, certes c'est là parfaitement comprendre les besoins de la situation ; c'est faire appel à la nation entière ; c'est mettre complètement le pays en demeure de se prononcer.

Mais recenser les votes au chef-lieu de département, et non pas au chef-lieu d'arrondissement ou de canton ; mais grouper toutes les voix au centre départemental, c'est annihiler au profit des grandes villes les élections des petites et de la campagne snrtout ; c'est priver, de fait, une notable portion de la population de ses droits électoraux.

De sorte que votre mode de convocation, excellent dans son principe, est vicié dans son application.


## V.


Développons notre pensée, et pour rendre notre raisonnement plus sensible, prenons un exemple : circonscrivons le théâtre des élections au département de la Gironde.

Dans la Gironde, comme dans la plupart de nos départements, le chef-lieu est une ville importante, renfermant une population nombreuse, cent mille âmes environ.

Dans la Gironde, comme dans la plupart de nos départements, les cantons placés en dehors du chef-lieu, et que, pour distinguer, nous appellerons cantons antérieurs, se composent de petites villes, dont la population ne va guère au-delà de quelques mille habitants, et de cantons ruraux qui sont encore moins peuplés.

Comment vont se passer les élections dans le département de la Gironde ? Qui fera les élections, les cantons extérieurs ou Bordeaux, les campagnes et les petites villes ou la grande cité ?

La question ne saurait être douteuse.

## VI.

Il est facile de s'entendre entre électeurs d'une même ville, on peut bientôt se voir, s'expliquer et se mettre d'accord.

Il est facile, au sein d'une population considérable, de réunir une majorité nombreuse autour de quelques noms connus ou chaudement recommandés.

Entre habitants d'une même ville, il y a naturellement identité de besoins et d'intérêts, à défaut d'unanimité d'opinion politique ; unanimité à laquelle supplée d'ailleurs la fiction légale de la majorité.

Cette majorité sera donc bientôt déterminée, pour peu que les partis ne se montrent pas trop exclusifs.

## VII.

Eh bien ! supposez, ce qui est déjà une hypothèse peu admissible, supposez dans un canton extérieur la plus parfaite unanimité ; supposez que toutes les voix s'y réunissent, nous ne disons pas sur quinze candidats, la prétention serait outrecuidante, mais sur trois ou quatre seulement, en laissant à chacun la liberté de compléter à son gré son bulletin électoral ; supposez plus : supposez que tous les cantons de l'arrondissement de Libourne ou de Lesparre s'entendent sur le choix de trois ou quatre députés ; à quoi aboutira une pareille manifestation ?

En vain l'arrondissement extérieur sera-t-il unanime ; en vain portera-t-il ses cinq ou six mille voix sur trois ou quatre hommes qui représenteront exactement sa pensée ; cette unanimité viendra se briser et s'anéantir devant la simple minorité qu'aura obtenue un candidat bordelais, minorité de sept ou huit mille voix peut-être.

## VIII.

Le remède est facile, répondra-t-on : si plusieurs cantons extérieurs ne peûvent, en se réunissant, contre-balancer la prépondérance du chef-lieu, il faut que plusieurs arrondissements se coalisent et marchent d'un commun accord.

C'était déjà, ce nous semble, un assez grand sacrifice fait aux nécessités de la centralisation politique, que l'absorption du canton dans l'arrondissement, en matière d'élection ; car, de même que chaque arrondissement a ses intérêts et son opinion dictincts et séparés, chaque canton peut aussi avoir les siens.

Voyons donc si une coalition entre plusieurs arrondissements extérieurs est possible, et à quelles conditions.

## IX.

Entre cantons dépendants d'un même arrondissement, les différences de position géographique, de produits, de besoins, d'intérêts et même d'opinion, car le voisinage et la parenté influent étonnamment sur l'opinion, ne sont pas si nettement tranchées, qu'il ne demeure beaucoup de points sympathiques et qu'avec quelques concessions mutuelles on ne puisse s'entendre sur les objets principaux.

L'union est-elle au même degré praticable entre arrondissements placés dans des conditions tout opposées de sol, de culture, de population, et séparés entre eux par de longues distances ?

Tel arrondissement qui cultive le blé, demande le maintien du système prohibitif, parce qu'il craint la concurrence de l'importation étrangère, tandis que tel autre, situé à l'autre extrémité du département, et qui récolte des vins, ré-

clame à cor et à cri de nouveaux débouchés pour ses produits, et soupire ardemment après la mise en pratique des
doctrines du libre-échange.

Qui ne sait qu'il suffit du tracé d'une route, du passage
d'un canal ou d'un chemin de fer, pour mettre aux prises
deux arrondissements contigus?

Ce n'est pas tout : et là n'est pas, pour le moment, l'obstacle réel à l'entente des arrondissements. Aujourd'hui la question politique étouffe toutes les autres : il s'agit bien de ponts,
de chemins, de canaux, lorsque nos représentants ont pour
mission de nous faire une constitution !

Comment les arrondissements tomberont-ils d'accord sur
le choix des candidats ?

Tel homme populaire à Blaye est absolument inconnu
à La Réole; tel homme qui représente exactement l'opinion
de la majorité des habitans de Bazas est repoussé par celle
de Lesparre. Chaque arrondissement refusera d'accepter le
candidat de l'arrondissement voisin et voudra imposer le sien
aux autres ; chacun voudra que ses intérêts, ses idées, ses
affections prévalent sur les intérêts, sur les idées, les affections des autres électeurs.

Ainsi, en faisant même abstraction des obstacles de temps
et de lieux, des inconvéniens d'un déplacement forcé pour
les délégués choisis, l'accord est fort difficile, pour ne pas
dire presque impossible, entre les arrondissemens extérieurs.


X.


Faisons une hypothèse : supposons, contre toute vraisem-
blance, un accord parfait entre tous les arrondissemens extérieurs de notre département; supposons que Blaye, Bazas,
Libourne, La Réole, Lesparre, conviennent de porter una-
nimement leurs suffrages sur un certain nombre de candidats.

A quelles conditions cette unanimité pourra-t-elle se réaliser ?

C'est à la condition que les candidats adoptés ne seront pas les élus spéciaux de tel arrondissement plutôt que de tel autre ; c'est à la condition qu'ils résumeront en eux plus de sympathies générales et moins d'affections particulières ; c'est à la condition qu'ils représenteront plus ou moins à peu près toutes les opinions possibles et nullement une opinion nette et tranchée.

Or, quels sont précisément les hommes qui se trouvent dans ce cas ? ce sont les hommes déjà connus, les hommes politiques, ceux qui ont un passé à invoquer, dans un sens ou dans un autre et quelquefois dans tous les sens ; les hommes à professions de foi ambiguës ; les anciens pairs, les anciens députés, les fonctionnaires, les serviteurs de tous les gouvernements qui ont pesé sur nous depuis cinquante ans ; c'est-à-dire les ennemis naturels du nouvel ordre de choses ; des hommes qui, quoique différant entre eux de quelques nuances et travaillant dans des buts opposés, n'en désirent pas moins tous le renversement de la République, rêvant, qui le comte de Paris, qui Henri V, qui Louis Bonaparte, et peut-être Louis-Philippe.

Eux seuls pourront servir de points de ralliement ; on les acceptera de tous côtés, sur la foi de leurs belles paroles, de leurs hypocrites protestations.

Quant aux hommes nouveaux, quant à ceux qui ont une conviction sincère et qui professent hautement et franchement leur manière de voir, leur candidature sera sans succès, parce que s'ils plaisent à tel arrondissement qui pense comme eux, ils déplairont à tel autre qui pense tout différemment.

## XI.

Ainsi deux alternatives :

Si les arrondissements extérieurs ne s'entendent pas entre eux , le chef-lieu du département en fera seul toutes les élections.

Si les arrondissemens se coalisent, ils ne pourront le faire qu'en tombant sous le joug des hommes du régime déchu, ex-conservateurs ou ex-opposants , ce qui est tout un.

Comme troisième alternative il leur resterait, il est vrai, à adopter purement et simplement les candidats du chef-lieu départemental, s'il n'était pas bien prouvé que les intérêts, les opinions des petites localités et surtout des campagnes sont presque toujours en lutte avec les intérêts et les opinions du chef-lieu, qui veut tout dominer, tout absorber à son profit, et si un pareil vasselage était digne d'hommes libres.

D'où il suit que le gouvernement provisoire a erré gravement, en transportant le recensement des voix aux chef-lieu de département, et que l'arrondissement devait être maintenu comme circonscription électorale du plus haut degré.

## XII.

Mais, dira-t-on, n'est-ce donc rien d'avoir annulé et rendu impossibles les influences de clocher ? d'avoir fermé la porte à la petite intrigue et à la corruption de bas étage ; d'avoir imposé aux candidats l'obligation d'une majorité plus nombreuse, et par conséquent plus respectable ?

A cela nous répondrons que si les influences de clocher, l'intrigue et la corruption étaient praticables avec quelques centaines d'électeurs, alors que, par une monstrueuse fiction, la France était représentée par 230 mille privilégiés, il n'y a rien de pareil à redouter dans le système du suffrage universel, alors que chaque arrondissement de la France aurait compté plusieurs milliers d'électeurs.

On peut capter ou corrompre quelques individus : on ne le peut une population entière.

Il ne fallait donc pas, tomber, par la crainte d'un mal imaginaire, dans un mal très-réel et très-fâcheux.


## XIII.

Quoi de plus fâcheux, en effet, que de voir, dans un pays libre, nombre de citoyens privés du plus saint de leurs droits?

Et quelle est cette portion de la population française qui se trouve ainsi lésée dans ce qu'elle a de plus juste et de plus précieux ?

C'est surtout la population rurale, c'est le paysan, c'est le petit propriétaire agricole !

Si bien que dans une opération destinée à consacrer le régime publicain, il arrivera ce phénomène curieux que : le peuple des campagnes, race vigoureuse et vaillante, qui compose le fonds le plus solide de la Nation, qui nonrrit l'habitant des grandes villes et où se recrute notre armée; race essentiellement républicaine, seule et véritable démocratie, ne jouera dans le drame électoral qu'un rôle de comparse inutile, qu'un rôle inutile et vain !

C'est tout au plus ce qu'eût pu souhaiter un gonvernement qui se méfierait du peuple, qui travaillerait à replacer le pouvoir politique au sein de la bourgeoisie, si influente dans nos grandes villes et toujours en mesure de diriger à son gré la main de l'ouvrier au moyen du salaire, au moyen des instruments de travail qu'elle possède seule !

Qui ne connaît, au contraire, l'indépendance de position et de caractère du paysan français ?

Tandis que l'ouvrier des villes, qui joint à ses besoins réels une foule de besoins factices, inconnus à l'habitant des champs, et qui subit presque toujours d'ailleurs l'empire de passions désordonnées, abdique, en quelque sorte sa personnalité et s'atèle volontiers au char du riche, qui lui donne à vivre et dont il admire le luxe et la félicité, bien plus encore qu'il ne les envie, le paysan, fils ou frère de propriétaire, ou lui-même heureux possesseur de quelque partie du sol ou tout au moins du toit qui abrite sa famille, le paysan, sobre et économe, se soucie peu du grand tenancier, de l'or duquel il a appris à se passer.

C'est un fait que les campagnes ont plus sincèrement que les villes le sentiment de la liberté et l'amour de l'égalité ; et, si, dans la première révolution, on vit le paysan breton se faire soldat du drapeau blanc, ce n'était pas contre les idées libérales qu'il s'insurgeait, c'était contre la main impie qui, en immolant son Roi, voulait anéantir le culte de ses pères. Aujourd'hui, satisfait des bénéfices d'une civilisation qui a amélioré son bien-être et relevé sa dignité, il ne demande qu'à concourir à son développement.

On peut en dire autant du paysan du Midi.

Pourquoi donc s'être défié du peuple des campagnes ?


## XIV.


Ainsi, c'est un vrai contre-sens, au point de vue démocratique, de chercher son appui dans les grandes villes plutôt que dans les campagnes ; et une pareille faute, de la part d'un gouvernement populaire, ne peut s'expliquer que par une préoccupation exagérée des abus dont nos annales électorales offrent de si tristes et si nombreux exemples, abus, nous le répétons, que rend absolument impossibles le système du suffrage universel.

Quand bien même, au moyen de l'armée que vous avez

dans la main; au moyen de vos nombreux fonctionnaires,
agents et employés, vous penseriez faire pencher la balance
en faveur de la République dans les grandes localités, dont
une bonne partie, vous le savez, est tiède ou sourdement
hostile au régime nouveau, un pareil appui serait toujours
fragile, et ne ferait qu'étendre et consacrer contre les habitants des campagnes une exclusion injuste et attentatoire à
leurs droits politiques.

## XV.

Malheureusement, les élections sont trop prochaines pour
espérer que le gouvernement provisoire, s'apercevant en-
fin, quoiqu'un peu tard, de sa méprise, modifie son décret
du 5 mars.

La chose serait bien aisée : il ne s'agirait que de reporter
au chef-lieu d'arrondissement le recensement des votes, en
répartissant entre tous les arrondissements, les 885 repré-
tants octroyés aux 86 départements de la République.

Le gouvernement provisoire, qui fait tant et si vite de si
grandes choses, ne pourrait-il pas, accomplissant un nouveau miracle d'activité, amender son décret électoral?

## XVI.

Quoi qu'il en soit, et sans nous bercer d'une vague espé-
rance, il faut prendre les choses dans l'état où elles sont.

S'il existe un double vice dans le mode d'élection adopté
par le gouvernement provisoire, c'est à nous d'y rémédier,
à force de bon sens, de vigilance et de patriotisme!

Il faut, avant tout, faire en sorte qu'aucune portion du
peuple ne soit frustrée de sa part de souveraineté, de sa part
de puissance électorale !

Sinon, l'assemblée nationale ne serait qu'une fiction, car elle ne représenterait pas la nation tout entière.

Il faut aussi empêcher à tout prix l'invasion des hommes à double face et à double pensée ; il faut écarter soigneusement de la candidature les hommes qui n'arborent pas franchement un drapeau ; ces intrigants, ces ambitieux qui se rattachent à tous les régimes, qui tournent à tous les vents, qui flattaient hier la royauté qu'ils ont laissé périr, et qui flattent aujourd'hui le peuple, qu'ils ont trahi déjà, pour le trahir encore !

Appelez à vous, au contraire, les hommes dont le caractère public fait honneur à leur pays ; les hommes qui ont toujours tenu une conduite politique droite et sincère, qui ne se sont pas laissés corrompre au contact d'un pouvoir gangréné !

Prenez, sans crainte, des hommes nouveaux, des hommes d'intelligence et de cœur, d'un caractère ferme et honorable, qui demeurent fidèles au mandat que vous leur aurez donné !

Que ce mandat soit clair et précis ; dites-leur bien ce que vous voulez, afin que d'eux à vous il n'y ait ni malentendu ni déception possible.

Car, c'est le droit de chaque opinion, quelle qu'elle soit, de se faire fidèlement représenter au congrès national, comme c'est celui de la majorité d'imposer sa volonté au pays.

Électeurs ! vous tenez dans vos mains l'avenir de la France ! C'est à vous d'aviser à sa grandeur et à sa prospérité !


## XVII.


Électeurs des campagnes et des petites villes ! Redoublez de zèle et d'ardeur, car vos droits sont menacés !

Faites des élections valides, et faites-les bonnes en dépit de la loi !

Hâtez-vous! Laissez-là, pour un moment, vos petites jalousies, vos petites rivalités ! Applanissez les difficultés, effacez les oppositions! N'ayez qu'un cœur, qu'une âme! N'ayez qu'une pensée, celle du bien public ; qu'un intérêt en vue, celui de la nation !

Franchissez les distances; ne reculez devant aucun obstacle; multipliez les démarches et les instances; unissez-vous de commune à commune, de canton à canton, d'arrondissement à arrondissement! Consultez-vous, concertez-vous; nommez des délégués ; créez-vous un centre d'action commun où viendront aboutir toutes vos forces, et d'où l'impulsion partira au jour du combat !

Ne vous laissez pas séduire par les avances fallacieuses que les meneurs du chef-lieu pourront faire à tel ou tel canton ou arrondissement isolé. Les comités de la grande ville iront chez vous recruter des voix pour leurs candidats, et n'en donneront pas une seule aux vôtres en échange.

Comprenez que le chef-lieu est intéressé à faire seul toutes les nominations du département. Dans ce but, il essaiera de vous affaiblir en vous divisant.

Ce ne sera que quand il vous verra constituer contre lui une ligue puissante, ce ne sera qu'alors que le chef-lieu comptera sérieusement avec vous.

Cherchez dès à présent vos candidats, cherchez-les parmi vous, là vous trouverez les meilleurs, ou n'acceptez du moins, en fait de personnages politiques, que des hommes d'un passé irréprochable.

Discutez, triez des noms ; mettez-les en avant avec confiance ; assurez-leur d'avance parmi vous une majorité imposante et inébranlable !

En un mot, faites tous vos efforts pour lutter, à armes égales, contre la cité prépondérante et partager avec elle l'honneur insigne d'envoyer à l'Assemblée nationale les représentants de votre département !